JAVIER ARTADI

JAVIER ARTADI

LOFT

Lugar

La costa peruana es una extensa franja desértica bañada de sur a norte por el océano Pacífico. La tierra, la arena y el mar son los elementos que caracterizan su paisaje natural, un paisaje de líneas y colores suaves y neutros contrastados por el color del cielo en los atardeceres de verano.

La razón por la cual los casi dos mil kilómetros de costa del Perú son un desierto es la temperatura de su mar, un océano enfriado por la corriente de Humboldt, una corriente marina de agua fría proveniente del sur del continente suramericano.

Esta condición ha modificado por completo el clima del territorio costero peruano convirtiéndolo en un desierto único a nivel mundial, sin temperaturas extremas y donde prácticamente no llueve.

Para la arquitectura del lugar esta condición fue determinante: al no haber lluvias fue posible desarrollar construcciones en barro que alcanzaron con los siglos un alto nivel de sofisticación, obras de una geometría exacta y una continuidad única en la materialidad de sus superficies, cualidades estas conseguidas con trabajos realizados íntegramente a mano.

Esta habilidad del constructor de la costa peruana de lograr superficies lisas y exactas se ha mantenido hasta el día de hoy, pasando del trabajo en barro al trabajo en cemento y concreto.

En la actualidad, casi cualquier tipo de construcción en la costa peruana es revestida con una fina capa de cemento llamada localmente «tarrajeo», que se realiza con la misma exquisitez y perfección que en tiempos antiguos.

Place

The Peruvian coast is a long stretch of desert running from north to south and bathed by the Pacific Ocean. Land, sea and sand are the elements characterising the landscape, a composition of lines with gentle colours contrasted by the colour of the sky in the summer evenings.

The reason why the nearly two thousand kilometres of Peruvian coast is a desert is the temperature of the sea, an ocean cooled by the Humboldt Current, a cold current originating from the south of the continent of South America.

This phenomenon has completely changed the climate of the Peruvian coast, transforming it into a desert that is completely unique as it has no extreme temperatures and virtually no rainfall.

This factor was decisive when designing the architecture. As there is very little rain, it was possible to build in clay—a technique that, over the centuries, has reached a high level of sophistication with works of exact geometry and with continuity in surface materials. Moreover these qualities are obtained through work done entirely by hand.

To this day, builders along the Peruvian coast have preserved the skills that allow them to achieve smooth and accurate surfaces, passing from clay work to cement and concrete work.

Today, almost all kinds of constructions along the Peruvian coast are covered with a thin layer of cement, called tarrajeo locally. This is created with the same delicacy and perfection as in times gone by.

Arquitectura

Esta publicación reúne diez de mis proyectos más representativos construidos en la costa peruana y que han sido presentados en los últimos años en publicaciones y conferencias internacionales de arquitectura.

Las obras seleccionadas –en su mayoría de pequeño formato– explican mi visión de la arquitectura en cierto sentido universal, pero también revelan en un sentido más específico su conexión con el contexto natural: una costa desértica única, donde no hay mucho calor ni mucho frío, casi nunca llueve y donde gracias a esta condición la arquitectura puede alcanzar un alto nivel de pureza geométrica y simplicidad constructiva.

En la medida en que siempre me he interesado por desarrollar una arquitectura conceptual –donde la idea principal es lo importante y el resto del proyecto debe responder a ella–, estos proyectos son el resultado de esa línea de pensamiento, un proceso de exploración hacia soluciones más sintéticas y reductivas.

En esta perspectiva, este libro puede ser entendido como una sinopsis de mi noción de arquitectura a través de una serie de proyectos que la explican e ilustran, pero también como un reconocimiento al artesano constructor de la costa peruana, quien, con su habilidad milenaria, ha ayudado a que arquitectos de diferentes épocas nos acerquemos al ideal geométrico en la materialización de nuestras ideas y conceptos.

Javier Artadi

Architecture

This publication brings together ten of my most representative projects built on the Peruvian coast and which have been presented in recent years in international publications and conferences on architecture.

The works chosen—mostly in small formats—explain my vision of architecture in a somewhat universal sense but also reveal a rather more specific connection to the natural context: a unique desert coast, where it is neither too hot nor too cold, where it almost never rains and where, thanks to these conditions, architecture achieves high levels of geometric purity and constructive simplicity.

To the extent that I always have been interested in developing a conceptual architecture—where the primary idea is important and the rest of the project should respond to it—, these projects are the result of that line of thinking, a process of exploration towards more synthetic and reduced solutions.

In this perspective, this book can be understood as a synopsis of my notion of architecture through a series of projects which explain and illustrate this. It can also be seen as an acknowledgement of the skills of the craftsman builders along the Peruvian coast, who, using their skills passed along the centuries, have helped architects in different periods to get closer to the ideal geometry in the realisation of their ideas and concepts.

Javier Artadi

La Belleza como esplendor de la Verdad
Acerca de la arquitectura de Javier Artadi

Beauty as the splendour of Truth
About Javier Artadi's architecture

Alberto Campo Baeza

«La poesía debe ser un poco seca para que arda» dice, y con razón, Octavio Paz. Y claramente los arquitectos entendemos cómo el poeta está hablando de precisión y de justeza, que son cualidades exigibles a la mejor arquitectura. Una arquitectura que está en la orilla de la lógica, de la razón, del *less is more*. Pues así es la arquitectura de Javier Artadi.

Siempre que he visto una obra de Javier Artadi me he parado. Una vez más se convocaba allí a la Belleza a través de la serenidad y de la limpieza y de, como él bien defiende, de la línea recta, de la geometría rotunda. Lo que los clásicos resumían bien con el término ataraxia, que es la consecución del equilibrio y la felicidad en relación con el alma, la razón y los sentimientos. La arquitectura de Javier Artadi transmite paz.

"Poetry should be a little dry so that it burns well", rightly says Octavio Paz. And we architects clearly understand how the poet is talking about accuracy and fairness are qualities required of the best architecture. It is an architecture is on the borderline of logic, of reason, of less is more. Well, that is the architecture of Javier Artadi.

Whenever I have seen Javier Artadi's work I have stopped in my tracks. Once more Beauty was achieved through serenity and cleanliness and through, as he well defends, the straight line and emphatic geometry. It is what the classical thinkers summarised well with the term ataraxia, which is to achieve balance and happiness in relation to the soul, reason and feelings. Javier Artadi's architecture conveys peace.

Personal

Javier Artadi es uno de los más destacados arquitectos del Perú, con un claro reconocimiento internacional. Su trabajo aparece periódicamente en los mejores medios y es siempre reconocible por su rotundidad y por la serenidad y limpieza apuntadas. Las imágenes de sus obras son capaces de ser recordadas, de permanecer en nuestra memoria.

Además es profesor de Proyectos en la universidad. Siempre he defendido que todo arquitecto y todo creador, los mejores, deben cumplir una triple condición: crear, dar razones de su creación y transmitir ese cómo y ese porqué. Para un arquitecto, no solo construir, sino además escribir y también enseñar.

No creo en los arquitectos incapaces de dar razones de su trabajo, ni en los arquitectos eruditos que, o no construyen para no mancharse, o sus obras carecen del interés que pregonan sus palabras.

Javier Artadi cumple con las tres condiciones: construye obras hermosas, escribe muy bien dando buenas razones de ellas y es un muy buen profesor universitario.

Personal

Javier Artadi is one of Peru's leading architects and has an international reputation. His work appears regularly in the leading media and is always recognisable for its emphatic nature and its serenity and cleanliness. The images of his works are memorable, sticking in our memories.

He is also a university lecturer on Projects. I have always maintained that every architect and every creator, the best ones, should meet three conditions: to create, to give reasons for their creation and to transmit the how and the why. For an architect, this is not just building, but also writing and teaching.

I do not believe in architects who are unable to give reasons for their work, nor in architects or scholars that do not built to avoid getting dirty, or whose works lack the interest that their words proclaim.

Javier Artadi meets all three conditions: he builds beautiful works, he writes well explaining the good reasons behind them and he is an excellent lecturer.

Naturaleza

Casi todas las obras de Javier Artadi están construidas frente a una naturaleza excepcionalmente bella que es la de su país, y la relación de su arquitectura con esa naturaleza es la más adecuada: ni se disfraza ni se mimetiza con ella sino que emerge ante ella como el monolito de Kubrick, que él cita, con toda su fuerza, como un artefacto, con la fuerza de la línea recta.

En su precioso texto introductorio «El cubo en el desierto» hace Artadi una defensa convincente de la línea recta y de la geometría como instrumentos propios de la razón, del intelecto humano. El ejemplo que utiliza, el paralelepípedo recto rectangular que emerge en *2001 Odisea del Espacio*, es pedagógicamente muy ajustado. La razón frente al animal. Porque eso es lo que hace la arquitectura: levantar un artificio frente a la naturaleza, dialogando con ella, poniéndola en valor, pero artificial, siempre artefacto, arte facto.

Mecanismos

Los mecanismos arquitectónicos que utiliza Javier Artadi son siempre eficaces. A veces estructuras al aire con llenos y vacíos. Siempre enmarcando la naturaleza, ya sea en grandes ventanales o en vacíos cuadrados en el techo que parecen atrapar el cielo. O subrayando con sus rotundas plataformas la naturaleza ante la que se planta. Siempre con toda intención y con resultados eficaces. Todo bien controlado con las medidas precisas, sin dejar nada al azar.

Obras

Podría hacer un repaso de sus obras, pero creo que están muy bien descritas y explicadas en las páginas de este libro al que estas palabras sirven de introducción. Todas, desde la Casa de playa en Las Arenas hasta la última, la Casa en Las Palmeras, son muy hermosas.

Nature

Almost all Javier Artadi's works are built in an exceptionally beautiful natural setting, which is that of his country. Moreover, the relationship of his architecture with that nature is optimal: there are no disguises nor does it mimic nature. Instead, it emerges in front of her like Kubrick's monolith, which he himself cites, with all its might, as an artefact, with the strength of the straight line.

In his lovely introductory text "The cube in the desert", Artadi makes a convincing case for the straight line and geometry as instruments of reason and human intellect. The example he uses, the straight rectangular parallelpipe that features in 2001: A Space Odyssey, is pedagogically very tight. Reason versus the animal. Because that is what architecture makes: raising an artifice amid nature, talking with her, highlighting her, but artificial, always an artefact, arte facto.

Mechanisms

The architectural mechanisms Javier Artadi uses are always effective. Sometimes they are structures of air with filled and void spaces. They always frame nature, whether using large windows or square gaps in ceilings which seem to trap the sky. He also uses categorical platforms to emphasise the nature in which the artefact stands. This is always done with full intention and effective results. Everything is well controlled with precise measurements, leaving nothing to chance.

Works

I could review his works, but I think they are very well described and explained in the pages of this book for which these words serve as an introduction. All of them, from Beach house in Las Arenas to the last one, House in Las Palmeras, are simply beautiful.

Pero si me pidieran que escogiera una, me quedaría con el Club House en Cerro Colorado, una casa que es casa de todos, una sólida plataforma frente al mar con casi nada más. Con una estructura racional desnuda que solo se cubre cuando se requiere la sombra, y se cierra cuando se reclama la privacidad. Y un poco de agua en una alberca redonda. La estructura establece el orden de ese espacio como lo hacen las notas sobre el papel pautado de una partitura musical. Javier Artadi también compone música, y se le nota.

Final

Si él afirma que «en un lugar donde nunca llueve el cubo en el desierto puede ser realidad», yo matizaría que en un lugar donde la cultura llega, el cubo en el desierto es una realidad, levantado por un arquitecto tan bueno y tan culto como Javier Artadi.

En definitiva, en el centro de todas estas cuestiones, está un arquitecto de primer orden que busca y encuentra la Verdad y a su través la Belleza. Si Platón, y San Agustín con él, proponía la Belleza como esplendor de la Verdad, esto se produce de manera patente en toda la creación de Javier Artadi, que a través de esa Verdad logra siempre la tan deseada Belleza.

However, if I had to pick one, I would choose the Club House in Cerro Colorado. It is a house that is home to everyone, a strong platform facing the sea with little else. The house's bare rational structure is covered only when shade is required and closed for privacy. And there is a bit of water in a round pool. The structure determines the order of this space as the notes determine the structure of the paper of a musical score. Javier Artadi also composes music, and it shows.

End

He says that, "in a place where it never rains the cube in the desert can become a reality." I would further develop this by saying that in a place where culture arrives, the cube in the desert is a reality, built by an architect that is as good and as cult as Javier Artadi.

In short, at the centre of all these issues is a first-class architect who seeks and finds Truth and therein Beauty. If Plato and St. Augustine together with him, proposed Beauty as the splendour of truth, this would take place in such an evident way in all the creations of Javier Artadi that through that this Truth he always achieves the Beauty that is so sought.

El cubo en el desierto
The cube in the desert

El monolito de Clarke

La ciencia ficción es uno de los géneros cinematográficos preferidos por nosotros, los arquitectos. Tal vez esto sea así porque, como sucede a veces en nuestros proyectos, ahí se proyectan nuestros deseos –y temores– de cómo podría ser el futuro.

Personalmente, siempre me he sentido conmovido por dos escenas de dos películas de este tipo: una es la primera escena de *2001, Odisea del espacio* y la otra, la última de *El planeta de los simios*.

Al inicio de *2001, Odisea del espacio*, en una escena situada en los tiempos remotos de la historia de la humanidad, un monolito de una geometría exacta aparece misteriosamente en el lugar, contrastando poderosamente con las líneas orgánicas del paisaje.

Este contraste entre lo natural y lo artificial se agudiza con la presencia de un grupo de protohumanos muy exaltados por su encuentro con tan extraña y perfecta figura.

Paradójicamente, estos primitivos exploradores son quienes un millón de años después serían los únicos seres vivos capaces de concebir el concepto de geometría, concepto que sería una de las manifestaciones de la inteligencia de su especie.

A mí siempre me llamó la atención que Arthur C. Clarke, autor de la novela filmada luego por Kubrick, eligiera un paralelepípedo –el monolito– para representar la inteligencia consciente en el universo, y no una forma esférica o elíptica, características de los cuerpos celestes en el espacio.

Con todo, parece que no fue tan mala la elección, pues, para muchos, la línea recta es la que simboliza la presencia del hombre en la naturaleza.

En la medida en que es la forma más básica de representar una voluntad, la línea recta es un punto que ha empezado a desplazarse de manera constante y preestablecida, un deseo producto de una conciencia que es consciente de sí, fenómeno diferente a las secuencias de los sucesos naturales.

Clarke's monolith

Science fiction is one of the movie genres preferred by us architects. Perhaps this is because, as it is sometimes the case in our projects, there is where our desires—and fears—of what future could be like are projected.

Personally, I have always been moved by two scenes from two movies of this genre—one is the first scene of 2001: A Space Odyssey *and the other, the last scene of* Planet of the Apes.

At the beginning of 2001: A Space Odyssey, *in a scene located in the ancient times of humanity, a monolith of an exact geometry mysteriously appears on the site, contrasting strongly with organic lines of the landscape.*

This contrast between natural and artificial is intensified by the presence of a group of proto-humans who are very excited by their encounter with such a strange and perfect figure.

Paradoxically, these early explorers are those who one million years later would be the only living beings capable of conceiving the concept of geometry, a concept that would be one of the expressions of the intelligence of their species.

It always intrigued me that Arthur C. Clarke, author of the novel later filmed by Kubrick, chose a parallelepiped—the monolith—to represent the conscious intelligence in the universe, and not in a spherical or elliptical form, characteristic of celestial bodies in space.

However, it seems that it was not a bad choice, since, for many, the straight line is the one that symbolizes the presence of man in nature.

Insofar as it is the most basic way of representing determination, the straight line is a point that has begun to move in a constant and preestablished way, a desire that is the product of a consciousness that is self-conscious, a phenomenon different from the sequences of natural events.

Las playas del fin del mundo
Última escena de *El Planeta de los Simios* y una playa de la costa de Lima

The beaches of the end of the world
Last scene of Planet of the Apes *and a beach on the coast of Lima*

Por eso el monolito de Clarke impresiona tanto a los humanoides que se encuentran con él en los albores de la historia: por primera vez entran en contacto con un objeto de superficie plana y continua, un objeto que es la materialización de un pensamiento consciente de sí.

En cierto modo, el monolito de Clarke es una representación de aquello que nos hace humanos: nuestra búsqueda permanente del ideal geométrico y, como veremos más adelante, de la materia continua.

Las playas del fin del mundo

La historia de la novela original de Pierre Boulle, *El planeta de los simios*, fue modificada en varios aspectos cuando se escribió el guión de la película que dirigió Shaffner en 1968.

La variación más dramática –en realidad, más que un cambio, una aportación– fue el determinar que las aventuras del comandante Taylor habían sucedido todo el tiempo en la Tierra.

Esto no se conoce, sin embargo, hasta el final de la película, en una escena icono del cine de ciencia ficción donde Taylor se encuentra con las ruinas de la Estatua de la Libertad y se da cuenta de que nunca había salido de la Tierra, de que su viaje fue solo un viaje a través del tiempo al futuro del planeta.

Singularmente, el paisaje elegido para dejar claro que Taylor se encontraba en un planeta Tierra posdestrucción atómica es el de una playa desértica en la cual solo hay tierra, arena y mar.

El lugar elegido para representar el fin del mundo, sin embargo, siempre fue para mí un paisaje muy familiar: es el paisaje característico de cualquier playa de la costa peruana, costa donde yo he nacido y donde los elementos naturales más comunes son precisamente la tierra, la arena y el mar.

For this reason, Clarke's monolith made such an impression on the humanoids who found it at the dawn of history. For the first time, they make contact with a continuous, flat surface object, an object that is the embodiment of a self-conscious thought.

In a way, Clarke's monolith is a representation of what makes us human: our ongoing quest for the geometrical ideal and, as we shall see later on, of continuous matter.

The beaches of the end of the world

The story of the original novel by Pierre Boulle, Planet of the Apes *was modified in several aspects when the screenplay for the movie directed by Shaffner in 1968 was written.*

The most dramatic change—which was really more of a contribution than a change—was discovering that the adventures of Commander Taylor had taken place all along on Earth.

However, this is not revealed until the end of the movie, with an iconic scene of the science fiction cinema where Taylor discovers the remnants of the Statue of Liberty and realizes that he had never left Earth, that his trip was only a journey through time to the future of the planet.

Uniquely, the landscape chosen to make it clear that Taylor was on a post-apocalyptic Earth is that of a deserted beach in which there is only earth, sand and sea.

The site chosen to represent the end of the world, however, was always a familiar landscape for me: it is the characteristic landscape of any beach in the Peruvian coast, a coast where I was born and where the most common natural elements are precisely earth, sand and sea.

Fábrica Etiquetas Peruanas
Los muros nuevos de concreto (curvos) contrastan
con los originales de adobe (rectos)

Etiquetas Peruanas Factory
The new concrete walls (curved) contrast with the
original adobe walls (straight)

Plano recto - Plano curvo
Un plano curvo es en realidad un plano recto que ha
sido «curvado»

Straight plane - Curved plane
A curved plane is really a straight plane that has
been "curved"

La materia continua

La idea de la materia continua está muy ligada a la idea de geometría en sí. Desde un inicio y en todas las culturas, la humanidad ha identificado –o creado– las diferentes figuras geométricas básicas para incorporarlas a sus posteriores creaciones artísticas o utilitarias.

Al descubrir la línea recta, se avanza hacia la creación del triángulo o del cuadrado y demás variantes. Además, y esto es lo más importante, se descubre el círculo como una recta curvada (el círculo, como la línea recta, es un punto en desplazamiento constante pero con una variación también constante en su dirección).

De algún modo, se podría definir también a las figuras geométricas como desplazamientos constantes de puntos. Cuando se trata de superficies, esta condición se manifiesta como materia continua.

La búsqueda de la perfección geométrica en todos los productos creados o construidos por el hombre en todas las épocas y lugares del mundo es una característica humana.

También en el presente, los objetos que nos rodean buscan ser líneas perfectas, rectas o curvas, que nos recuerdan la búsqueda del ideal geométrico. El resultado de esta exploración geométrica se manifiesta en objetos de todos los tamaños con superficies de materia continua. El ejemplo que mejor ilustra este deseo es la construcción de la carrocería de un automóvil, la cual horas antes de entrar a la fase de masillado y pintado no es sino una suma de planchas de acero remachadas. El auto que recibimos en la tienda, por el contrario, presenta una continuidad ideal en la superficie de su carrocería.

La búsqueda del ideal geométrico y de la materia continua también ha sido una constante en la arquitectura. En todos los casos, un trabajo mejor acabado casi siempre ha significado un acabado más liso y continuo, ya sea en mármol, en madera o en barro. Este fenómeno se potenció a partir del siglo XX con las creaciones del diseño y la arquitectura modernos. Con el desarrollo de la máquina, los objetos y las construcciones de todo tipo

Continuous matter

The idea of continuous matter is closely linked to the idea of geometry itself. From the beginning, and in all cultures, mankind has identified –or created– the basic geometrical shapes to incorporate them in their posterior artistic or utilitarian creations.

With the discovering of the straight line we progressed to the creation of the triangle or square and other variants. Also, and this is the most important, the circle was discovered as a curved line (the circle, as a straight line, is a point in constant displacement but also with a constant variation in its direction).

In a certain way, geometric shapes could also be defined as constant displacements of points. When it comes to surfaces, this condition is expressed as continuous matter.

The pursuit for geometric perfection in all products created or built by manhood at all times and places in the world is a human characteristic.

Also in the present, the objects that surround us seek to be perfect straight or curved lines, and are reminiscent of the quest for the geometrical ideal. The result of this geometric exploration is expressed in objects of all sizes with continuous matter surfaces. The example that best illustrates this desire is the construction of a car bodywork, which a matter of hours before commencing the putty and painting stage is nothing more than a mass of riveted steel plates. The car that we see in the showroom, by contrast, presents an ideal continuity on the surface of its bodywork.

The search for the geometrical ideal and continuous matter has also been a constant in architecture. In any case, a well-finished job has almost always meant a smoother and continuous finish whether in marble, wood or clay. This phenomenon was improved from the twentieth century with the creations of modern design and architecture. With the development of the machine, objects and constructions of all types have benefited

Arquitectura chimú y arquitectura inca
La arquitectura precolombina de la costa peruana es un buen ejemplo de arquitectura líquida mientras que su correspondiente andina, la incaica, lo es de ua arquitectura piezada.

Chimú and Inca architecture
Pre-Columbian architecture in the Peruvian coast is a good example of liquid architecture while its respective Andean constructions, the Incaic, represent piece-by-piece architecture.

se beneficiaron de la perfección cada vez más exacta de sus varios componentes. Este es un proceso que se ha acelerado aún más con el invento del ordenador, y hoy es posible construir de una manera más exacta y perfecta proyectos diseñados en los comienzos del siglo pasado.

Conseguir superficies de materia continua fue una de las metas de la arquitectura moderna desde sus inicios. Sin embargo, rápidamente se empezó a ver las limitaciones de los sistemas constructivos de entonces, que atentaban contra la perfección geométrica buscada.

Es probable que la decepción de décadas de no poder alcanzar la materialización exacta del ideal geométrico continuo haya dado como consecuencia buscar una solución intelectual al problema con el invento del brutalismo: ahí el ladrillo es el ladrillo, el concreto es el concreto y el metal, el metal. El brutalismo parecía haber terminado con el problema, y entonces las cosas serían tal cuales son y la perfección geométrica pasaba a ser una cuestión ubicada más en la mente del arquitecto que en la arquitectura misma.

Sin embargo, algunas cosas no son fáciles de borrar, y una de ellas parece ser la búsqueda de la perfección geométrica y de la materia continua: sabemos que un auto está hecho con pedazos de lata, pero queremos verlo como un todo de superficie brillante; sabemos que una pared está hecha de ladrillos y concreto pero también queremos imaginarla –y verla– como un plano perfecto infinito.

Eventualmente, la combinación de superficies de una materialidad continua con otras brutalistas sería una alternativa siempre a mano. Es en este contexto en el que debemos hablar de arquitectura líquida y arquitectura piezada.

La arquitectura líquida de los moche

De todas las formas de clasificar la arquitectura, la que la define como líquida o piezada es la que la ordena por su capacidad de representar un ideal geométrico, por su expresión más o menos pura y continua.

from the increasingly accurate perfection of its various components. This is a process that has further accelerated with the invention of the computer, and today it is possible to build in a more exact and perfect way projects designed at the beginning of the last century.

Achieving continuous matter surfaces was one of the goals of modern architecture from the outset. However, quickly the limitations of building systems at the time became obvious, which threatened the sought-after geometric perfection.

It is likely that the disappointment of decades of failing to attain the exact embodiment of continuous geometrical ideal has had as a consequence the search for an intellectual solution to the problem with the invention of brutalism—where the brick is the brick, concrete is concrete and metal is metal. Brutalism seemed to have solved the problem, and then things would be just how they are, and geometric perfection became more a question in the mind of the architect rather than in architecture itself.

However, some things are not easy to erase, and one of them seems to be the quest for geometric perfection and for continuous matter: we know that a car is made from pieces of tin, but we want to see it as a whole shiny surface; we know that a wall is made of bricks and concrete but we also want to imagine it—and see it—as a infinite perfect plane.

Eventually, the combination of surfaces with a continuous materiality with other brutalist concepts would be an alternative always on hand. It is in this context that we should talk about liquid architecture and piece-by-piece architecture.

The liquid architecture of the Moche

Of all the ways to classify architecture, the one that defines it as liquid or piece-by-piece is a type which orders it according to its capacity of representing a geometrical ideal, to its more or less pure and continuous expression.

Tres muros: precolombino, colonial y contemporáneo
El muro de materia continua es una constante en la arquitectura de la costa peruana.

Three walls: pre-Columbian, colonial and contemporary
The continuous matter wall is a constant feature in architecture from the Peruvian coast.

La arquitectura líquida –hecha con barro o concreto– permite obtener un resultado formal de materia continua de grandes dimensiones. Así, es posible construir un muro muy extenso en adobe o concreto que presente una superficie lisa y constante.

De manera opuesta, la arquitectura piezada está construida por diversos componentes con dificultad para fundirse en uno único y fluido. Es el caso de los edificios construidos con piedra, con madera o, en el caso extremo, con caña. La caña es muy representativa de este tipo de arquitectura, no solo porque no puede conseguirse cualquier forma con ella porque podría partirse –salvo en piezas de gran longitud– sino porque sus diversos componentes solo pueden estar amarrados entre sí.

En la arquitectura peruana precolombina esta clasificación está didácticamente ejemplificada en la arquitectura de la costa y la de la sierra; la primera elaborada principalmente con barro (adobe), mientras que la segunda es en su mayoría de piedra.

El resultado cultural son dos arquitecturas muy diferentes: una, la costeña, de líneas y planos austeros, con un acabado de materia continua en su superficie y situada en territorios generalmente planos (moche, chimú, etc.) y la otra, andina, resultado de la superposición de piedra sobre piedra y caracterizada por la perfección del ensamble entre sus piezas y por su adaptación a la agreste topografía del lugar (chavin, inca, etc.).

La abstracta arquitectura precolombina de la costa peruana, sin embargo, no hubiera podido ser construida de no haber estado ubicada en un desierto muy singular donde prácticamente no llueve y donde un muro de barro no corre el riesgo de deshacerse.

Como consecuencia de esta ventaja, la arquitectura de nuestra costa entrenó al constructor peruano hasta el día de hoy en la perfecta ejecución del acabado liso y continuo de las superficies de sus edificios, convirtiendo la calidad de su mano de obra en una de las más sofisticadas del mundo.

Esta herencia se puede verificar en la actualidad en cualquier construc-

Liquid architecture—made with clay or concrete—allows obtaining a formal result of continuous matter of large dimensions. In this way, it is possible to build a very long wall in adobe or concrete with a smooth and even surface.

Inversely, piece-by-piece architecture is built up with different components that make it difficult to become one single, fluid body. This is the case of buildings built with stone, wood or, in extreme cases, with reed. Reed is very representative of this type of architecture, not only because it is difficult to achieve some shapes with it because it could break— except in extremely long pieces—, but because its diverse components can only be tied to each other.

In pre-Columbian Peruvian architecture, this classification is didactically exemplified in the architecture of the coast and the mountains, the former made mostly of mud (adobe), while the latter is mostly stone.

The cultural results are two very different architectures: one, the coastal, with austere lines and planes, with a finish of continuous matter on its surface and located generally on flat lands (Moche, Chimu, etc.) and the other, Andean, a result of superimposing stones and characterized by the perfection of the assembly of its parts and by the rugged topography of the land (Chavin, Inca, etc.).

However, the abstract pre-Columbian architecture of the Peruvian coast could not have been built had it not been located in a very unique desert where it practically does not rain and where a mud wall has no risk of falling apart.

As a consequence of this advantage, the architecture of our coast trained the Peruvian builder to this day to perfectly construct buildings with a continuous, smooth finishes in the surfaces, making its work force one of the most sophisticated and skilled in the world.

This legacy can be verified currently in any construction of any size built along the Peruvian coast: after a process of modernisation in its construction system, contemporary architecture of the Peruvian coast

El mar peruano
Parte integral de la cultura de la costa.

The Peruvian sea:
An integral part of culture from the coast.

La ciudad de Lima
Sus costas son bañadas por el Océano Pacífico.

The city of Lima
Its coasts are bathed by the Pacific Ocean.

ción de cualquier tamaño construida a lo largo del litoral peruano: luego de un proceso de modernización en su sistema constructivo, la arquitectura contemporánea de la costa del Perú se caracteriza cada vez más por un sistema constructivo basado en una estructura de columnas y vigas de concreto, cerramientos de ladrillo y un revestimiento completo de todas sus superficies en cemento, un acabado finísimo elaborado completamente a mano llamado localmente «tarrajeo» (*plaster*, en inglés).

Dado que las características del clima son las mismas de los tiempos prehispánicos, el resultado hoy también consigue soluciones geométricas de corte abstracto.

Un muro plano, liso y perfecto en una playa cualquiera puede ser la imagen de síntesis de la arquitectura de la costa peruana, un desierto donde el ideal geométrico y la materia continua parecen posibles de alcanzar.

La corriente de Humboldt (o cómo construir una ciudad en un día)

La corriente de Humboldt es una corriente marina que enfría al océano Pacífico a lo largo del litoral del Perú y Chile, unas costas que debido al mar frío que las baña son desiertos únicos en el mundo. En el caso peruano, el fenómeno se agudiza debido a su ubicación cercana a la línea ecuatorial.

Ahí, el desierto costero –situado entre dos paralelos que constituyen un sector teóricamente cálido y tropical– se encuentra con la presencia fría de la corriente marina de Humboldt, dando como resultado una gran franja de dos mil quinientos kilómetros de costa desértica donde no se presentan temperaturas muy altas o muy bajas y donde prácticamente no llueve nunca.

Con uno de los mares más ricos del mundo, la costa peruana impresiona por su belleza simple y elegante, una imagen de líneas abstractas de arena y tierra que contrastan con la perspectiva marina.

is increasingly characterized by a construction based on a structure of concrete columns and beams, brick cladding and fully cladding all surfaces in cement, a thin finish carried out entirely by hand locally called "tarrajeo" (i.e. plaster).

As climate patterns are the same as in pre-Hispanic times, the result today also achieves abstract geometric solutions.

A flat, smooth and perfect wall on a beach may represent the simplified image of the architecture on the Peruvian coast, a desert where the geometrical ideal and continuous matter seem possible to achieve.

The Humboldt Current (or how to build a city in one day)

The Humboldt Current is an ocean current that cools the Pacific Ocean along the coast of Peru and Chile, coasts that due to the cold sea are unique deserts in the world. In Peru, the phenomenon is intensified owing its location near the equator.

There, the coastal desert—situated between two parallels that constitute a theoretically warm and tropical sector—meets the cold presence of the Humboldt Current, resulting in a large strip of 2500 km of coastline where there are neither very high or very low temperatures and where there is virtually no rain.

With one of the richest seas in the world, the Peruvian coast makes an impression owing to its simple and elegant beauty, an image of abstract lines of sand and earth contrasting with the marine perspective.

As we have seen, its particular climate has had a major impact on the development of the cultures of the coast and with more evidence, in the rapid transformation of the coastal cities in the last forty years.

In the late 1960s, a military coup established a socialist dictatorial regime that would change the morphology of the Peruvian coastal cities forever, especially the capital city of Peru, Lima.

Construcción de una nueva ciudad en el desierto de la costa central peruana
Gracias a un clima único fue posible la conquista de la costa desértica por poblaciones migrantes provenientes de los Andes

Construction of a new city in the desert of the central Peruvian coast
Thanks to a unique climate, the occupation of the coast by migrant population from the Andes was possible

Como hemos visto, su singular clima ha tenido una gran repercusión en el desarrollo de las culturas de la costa y, con más evidencia, en la rápida transformación de las ciudades costeras en los últimos cuarenta años.

A finales de los años sesenta, un golpe militar instauró un régimen dictatorial de corte socialista que cambiaría la morfología de las ciudades de la costa peruana para siempre, sobre todo la de la ciudad capital del Perú, Lima.

En esos años y durante más de una década, el gobierno incentivó la migración de poblaciones de la muy pobre sierra hacia la más desarrollada costa. Miles y miles de inmigrantes fueron ocupando los arenales que bordeaban la ciudad de Lima llegando a construir con el tiempo una enorme superficie urbana, marginal al comienzo, integrada después.

Nada de eso habría sido posible, sin embargo, si no se dieran las condiciones climatológicas –sin temperaturas extremas y, sobre todo, sin lluvia– que hacen que prácticamente uno pueda vivir en una carpa por el resto de su vida en el desierto costero peruano.

En este contexto, poblaciones enteras ocuparon un área de arenal determinada, realizaron un trazado general muy simple aunque eficiente y construyeron casas temporales de esteras y caña chancada para luego, con el tiempo, construir las definitivas en ladrillo y concreto.

La rápida conquista de la costa por las poblaciones provenientes de los Andes no solo se debe a su esfuerzo y decisión, sino sobre todo a las características únicas de un desierto muy singular. En el caso de la arquitectura –ya no solo en el del urbanismo–, este clima particular también ha influido de manera determinante.

En el proceso de autoconstrucción de la vivienda (donde la primera fase es una construcción de caña y esteras, y se pasa luego a las primeras columnas y vigas de concreto y a los muros de ladrillo), esta consigue su imagen final bajo la apariencia de paredes y techos alisados, superficies abstractas de materia continua elaboradas por una mano de obra muy especializada con experiencia milenaria que las hace posibles.

In those years and for over a decade, the government encouraged the migration of poor populations in the mountains towards the more developed coast.

Thousands and thousands of immigrants were occupying the sandy areas bordering the city of Lima building over time a huge urban area, which at first was marginal and later more integrated.

None of this would have been possible, however, if there were not the suitable weather conditions, without extreme temperatures and, above all, no rain, which allow people to live in a tent for the rest of their life on the Peruvian coastal desert.

In this context, entire populations occupied a given sandy area, they made a very simple yet efficient general layout and built temporary matted and crushed reed houses and then, over time, built permanent brick and concrete houses.

The rapid occupation of the coast by people from the Andes is not only owing to their effort and determination, but above all the unique features of a very unique desert.

In the case of architecture, and not only in urban planning- this unique climate has also played a decisive role.

The do-it-yourself construction of housing (where the first phase is a cane and mat construction, and then the first concrete columns and beams and brick walls are constructed), it achieves its final image in the guise of perfectly smooth walls and ceilings, abstract surfaces of continuous matter constructed by a highly skilled workforce with the age-old experience that makes them possible.

Global / local, similarities / differences

If globalization has achieved anything in this new century, it is to reveal the similarities and differences in the world: all races have been reg-

Club House en Cerro Colorado
En un lugar donde nunca llueve el cubo en el desierto es una realidad

Club House in Cerro Colorado
In a place where it never rains, a cube in the desert can be a reality

Global/local, semejanzas/diferencias

Si algo ha logrado la globalización en este nuevo siglo es revelar las semejanzas y diferencias en el mundo: se han registrado todas las razas, pero también hay más mestizaje racial; se han identificado todas las lenguas, pero también se diferencian todas las variantes y acentos de cada una de ellas.

En la arquitectura está sucediendo algo parecido. Hoy más que nunca los proyectos que reaccionan a su propia realidad son simultáneamente aprehendidos fácilmente en cualquier parte del mundo.

Por otro lado y de manera especial, cuando el contexto es fuerte (un entorno natural con características muy definidas, etc.), los proyectos que ahí se construyen ilustran con mayor claridad el fenómeno global/local.

En el caso de la arquitectura de la costa del Perú, el hecho de encontrarse en un desierto singular explica la materia continua de la superficie de sus construcciones. Esta característica, por ejemplo, puede ser entendida tanto en su aspecto local (consecuencia de su medio natural) como universal (formas geométricas universalmente identificables).

Probablemente, la arquitectura contemporánea de la costa desértica peruana   está definiendo cada vez más sus características intrínsecas a la vez de estar siendo identificada y reconocida internacionalmente por sus valores universales.

En un lugar donde nunca llueve, el cubo en el desierto puede ser una realidad.

istered, but there is also more racial mixing, all languages have been identified, but also all the variants and different accents of each of them have been differentiated.

Something similar is happening in architecture. Today more than ever, projects that respond to their own reality are simultaneously easily apprehended anywhere in the world.

On the other hand and especially when the context is strong (a natural environment with well defined characteristics, etc.), projects that are built there clearly illustrate the global/local phenomenon.

In the case of architecture along the coast of Peru, the fact of being located in a unique desert explains the continuous matter of the surface of its buildings. This feature, for example, can be understood both in its local aspect (due to their natural environment) and universal (universally recognizable geometric shapes).

Provably, contemporary architecture of the Peruvian desert coast is increasingly defining its intrinsic characteristics at the same time as being internationally identified and recognized for its universal values.

In a place where it never rains, a cube in the desert can be a reality.

Casa en un isla

House in an island

1994

Esta pequeña casa de fin de semana está construida en una formación rocosa en la isla de Pucusana, a ochenta kilómetros al sur de Lima.

A pesar de las dimensiones mínimas del terreno donde se encuentra, la casa cuenta con un programa muy completo: sala-comedor, cocina, patio y terraza-mirador en el tercer nivel; cuatro dormitorios y baños en los pisos medios y altos y un dormitorio de servicio más un cuarto de botes en el primero.

Conceptualmente, consiste en un cubo enclavado en el cerro cuya masa ha sido liberada tanto en un sentido vertical (tierra-cielo) como en el horizontal (tierra-mar). Esta sensación de materia-vacío culmina al volar hacia el mar el plano de la terraza-mirador.

El tema central del ensayo, la comunicación con la naturaleza, se manifiesta principalmente en la selección de los diferentes tipos de vistas. Así, el dormitorio principal y el ventanal del ingreso, por ejemplo, tienen visuales unidireccionales con el objeto de enmarcar fotográficamente el paisaje, mientras que en el tercer piso, dada la actividad social en la terraza-mirador, las vistas son estereoscópicas, hacia la arena, el mar y el cielo.

El estudio de los diferentes registros de la luz natural también contribuye a este fin: ingreso vertical de la luz al ascender la escalera (la luz viene del cielo) y horizontal al descenderla (la luz viene del mar).

This small weekend house is built on a rock formation on the island of Pucusana, fifty miles south of Lima.

Despite the small size of the site where the house is located, it has a very complete program: living-dining room, kitchen, patio and panoramic terrace on the third level, four bedrooms and bathrooms in the middle and upper floors and bedroom for domestic staff plus a room for boats on the first floor.

Conceptually, the house is a cube located on the hill whose body is designed both vertically (land-sky) and horizontally (land-sea). This sense of matter-vacuum reaches its climax with the plan of the panoramic terrace projecting towards the sea.

The focus of the project, communication with nature, is mainly expressed in the selection of different types of views. Thus, the master bedroom and the large entrance window, for example, have unidirectional views in order to photographically frame the landscape, while on the third floor, given the social activity on the panoramic terrace, the views are stereoscopic towards the sand, sea and sky.

The study of the different registers of natural light also contributes to this purpose: vertical entry of light when ascending the staircase (light from the sky) and horizontal when descending it (light from the sea).

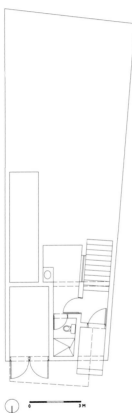

Planta primer piso
First floor plan

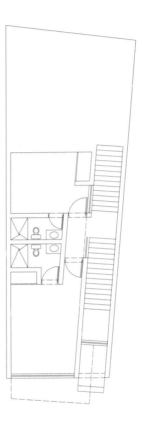

Planta segundo piso
Second floor plan

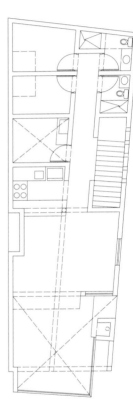

Planta tercer piso
Third floor plan

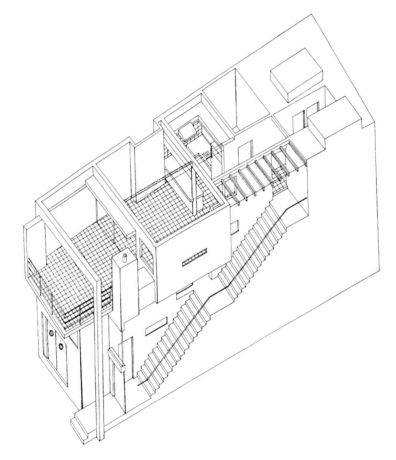

Isometría
Isometric view

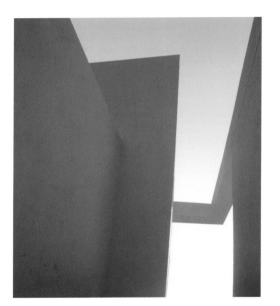

Casa de playa en Las Arenas

Beach house in Las Arenas
2004

El proyecto consiste en una pequeña casa ubicada en una playa a cien kilómetros al sur de la ciudad de Lima y explora la expansión de los usos convencionales de una casa de playa.

Con ese fin se ha creado una caja contenedora –un espacio total que integra la sala-comedor y la terraza con piscina– dentro de la cual se han diseñado diversos elementos (muebles fijos convencionales y no convencionales) que permiten múltiples opciones de uso.

Arquitectónicamente, el volumen ha sido estratégicamente perforado en algunos de sus planos a efectos de control de soleamiento y enfoque selectivo de visuales (hacia el cielo, hacia el mar, etc.), y ha sido deliberadamente suspendido sobre el jardín del terreno de manera que incorpore las sensaciones de ingravidez y libertad a la experiencia arquitectónica de los usuarios.

Funcionalmente, el volumen principal está rodeado de las áreas de dormitorios y de servicio. Ahí se encuentran, entre otros, la cocina y el dormitorio principal, ambos conectados visualmente con la terraza con piscina, a través de estos, con el horizonte.

The project consists of a small house on a beach a hundred miles south of Lima and explores the expansion of the conventional uses of a beach house.

To that purpose, a container box has been created—a space that integrates the living-dining room and terrace with pool—within which various elements have been designed (conventional and unconventional furniture) that offer multiple use options.

Architecturally, the volume has been strategically perforated along some planes in order to control sunlight and to achieve a selective visual approach (towards the sky, the sea, etc.), and it has been deliberately suspended above the garden to add an air of weightlessness and freedom to the architectural experience of the users.

Functionally, the main volume is surrounded by sleeping and service areas. There the kitchen and master bedroom can be found, which are both visually connected with the terrace and pool, and through them, with the skyline.

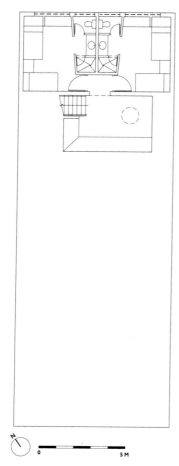

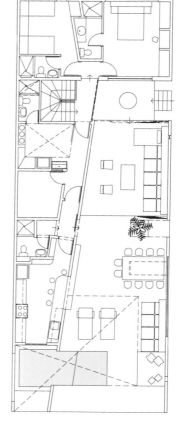

N
0   5 M

Planta sótano
Basement level plan

Planta primer piso
Terrace level plan

Casa de playa en Las Arenas / *Beach house in Las Arenas*

Casa en Las Casuarinas

House in Las Casuarinas
2002

La casa está ubicada en la ladera de uno de los cerros de Las Casuarinas, en Lima (Perú).

El terreno, de una marcada pendiente, está privilegiado por una imponente vista hacia la ciudad de Lima y cuenta con un acceso por la parte alta y otro por debajo, desde un parque.

La casa incluye un complejo programa de vivienda que comprende ambientes típicos (sala, comedor, dormitorios, etc.) y atípicos (gimnasio, sauna, etc.), además de un minidepartamento en la parte alta.

El proyecto resuelve el encargo a partir de un planeamiento conceptual que organiza el programa en tres cajas unidas tridimensionalmente a 90 grados. La primera contiene la circulación vertical principal; la segunda, paralela a la calle, a los dormitorios y el salón familiar; mientras que la tercera, perpendicular al terreno, contiene la sala principal y vuela hacia el vacío frontal de la casa. El resto del programa ha sido dispuesto dentro de una especie de muro de fondo y en otros volúmenes secundarios.

La imagen final de la casa es la de una composición volumétrica que contrasta con la topografía natural del lugar, un objeto arquitectónico que constituye un auténtico mirador a la ciudad capital.

The house is located on the side of one of the hills of Las Casuarinas, in Lima, Peru.

The land, with a steep slope, is in a privileged position with impressive views of the city of Lima and can be accessed from the upper part and the lower part from a park.

The house includes a complex housing program that includes typical environments (living room, dining room, bedrooms, etc.) and atypical spaces (gym, sauna, etc.), as well as a mini-apartment on the top floor.

The project solves the briefing from a conceptual planning approach that organizes the program into three boxes joined together three-dimensionally at 90 degrees. The first contains the main vertical circulation, the second, parallel to the street, the bedroom and family room, while the third, perpendicular to the land, contains the main room and projects outwards to the front space of the home. The rest of the program has been arranged into a sort of background wall and other secondary volumes.

The final image of the house is that of a volumetric composition that contrasts with the natural topography of the site, an architectural object that is a viewpoint to the capital city.

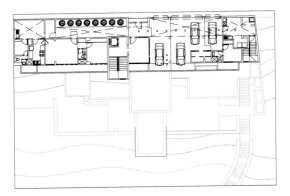

Planta de acceso
Acces floor plan

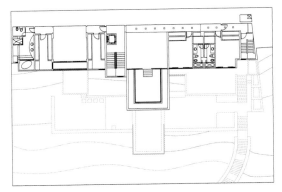

Planta nivel dormitorios
Bedrooms floor plan

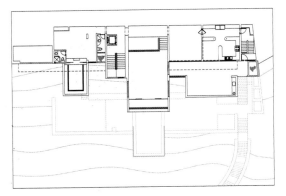

Planta nivel area social
Living room floor plan

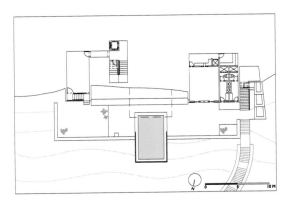

Planta nivel terraza
Terrace pool floor plan

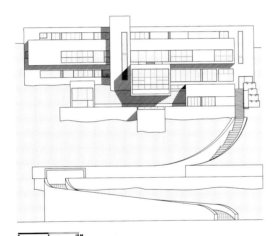

Fachada principal
Main facade

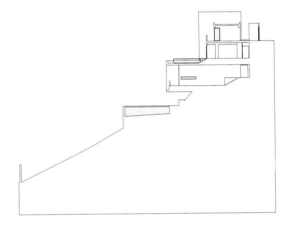

Sección longitudinal
Longitudinal section

Casa en El Chipe, Piura

House in El Chipe, Piura
2004

Frente a un hermoso bosque de algarrobos en el norte del Perú, en Piu-ra, se eligió un terreno para la construcción de una vivienda de carácter permanente.

Dado el especial contexto natural, las vistas al paisaje circundante y el control del asoleamiento y las lluvias fueron las condicionantes que definieron el enfoque del diseño.*

Con ese objetivo, se creó un gran caparazón arquitectónico contenedor del programa de la casa y abierto en sus dos frentes más largos para conseguir que todos los ambientes tengan vistas hacia el bosque (por delante) y hacia el jardín interior (por detrás).

El techo de la casa se ha curvado hacia el centro del volumen para resolver el drenaje de las lluvias y generar en el interior cambios de presión del aire para su mejor ventilación. Además, los frentes del caparazón han sido inclinados con el objeto de darles más sombra a las fachadas durante más horas del día.

* Aunque en la costa peruana no llueve prácticamente nunca por efecto de la corriente marina de Humboldt, de aguas frías, más o menos cada veinte años dicha corriente se desvía un poco antes de llegar al extremo norte del Perú dejando el ingreso de corrientes cálidas que alteran temporalmente el clima del norte del país: es el fenómeno conocido como El Niño. A consecuencia de este fenómeno, se presentan abundantes lluvias en dicha región. Aunque es por un periodo de tiempo muy corto y sucede con muchos años de diferencia, las edificaciones deben estar preparadas para esas ocasiones.

Opposite a striking forest of carob trees in northern Peru, in Piura, a land was chosen for the construction of a permanent house.
Given the special natural context, the views of the surrounding landscape and control of the solar radiation and rainfall were the conditions that defined the design approach.*
To that end, a large architectural shell container was created for the program of the house, open at the two longer sides so that all the rooms enjoy views of the forest (front) and of the interior garden (rear).
The roof of the house has been curved towards the centre of the volume to resolve the drainage and create changes in air pressure on the interior for improved ventilation. In addition, the fronts of the shell have been inclined in order to give more shade to the façades during most hours of the day.

* Although on the Peruvian coast it hardly ever rains due to the Humboldt Current, approximately every twenty years this current diverts a little before reaching the northern tip of Peru, allowing warm currents to enter, which temporarily alter the climate in the north of the country: this phenomenon is known as El Niño. As a consequence of this phenomenon, there is heavy rainfall in the region. Although it is for a very short period of time and it occurs with many years apart, buildings must be prepared for such occasions.

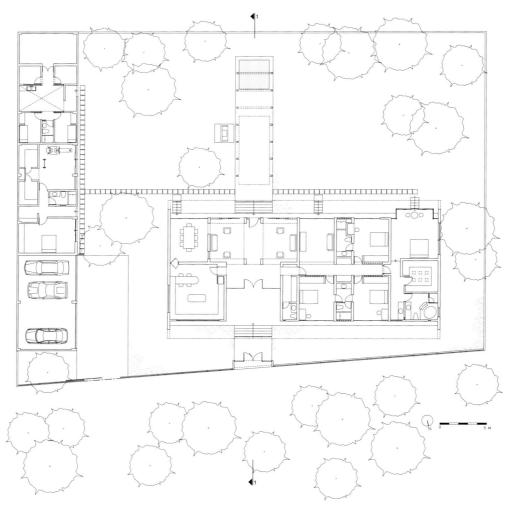

Planta
Plan

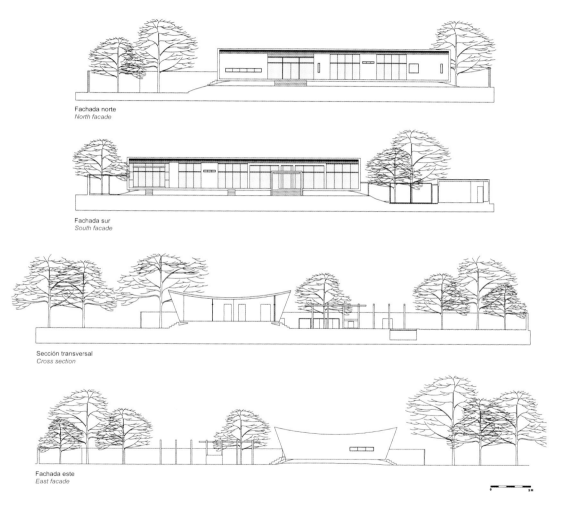

Fachada norte
North facade

Fachada sur
South facade

Sección transversal
Cross section

Fachada este
East facade

72　Casa en El Chipe, Piura / *House in El Chipe, Piura*

74   Casa en El Chipe, Piura / *House in El Chipe, Piura*

80   Casa en El Chipe, Piura / *House in El Chipe, Piura*

Casa de playa en una colina

Beach house on a hill
2006

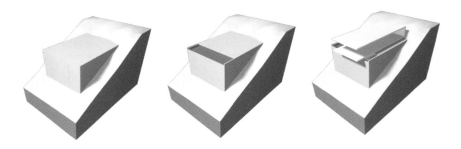

El proyecto consiste en una casa de playa situada en un cerro frente al mar, a cien kilómetros al sur de Lima.

Conceptualmente, la casa se compone de un gran pedestal vertical sobre el cual descansan dos planos paralelos que contienen la gran área social.

En lo alto del pedestal y en su borde superior se ha dispuesto una franja de agua con la idea de reforzar la sensación de ingravidez de los dos planos horizontales que están en voladizo; ahora no sólo vuelan hacia el vacío, sino, además, sobre el agua.

La propuesta se singulariza debido a que la casa está orientada hacia el sur, consiguiendo así integrar en una nueva vista única e impactante los balnearios de la gran playa de Asia con la larga franja de playa y el horizonte marino.

La casa reacciona constituyéndose en un mirador panorámico del paisaje del lugar.

The project consists of a beach house located on a hill overlooking the sea, 85 miles south of Lima.

Conceptually, the house includes a large vertical pedestal on which two parallel planes rest, which contains the large social area.

At the top of the pedestal and on its top edge, a strip of water has been designed with the idea of strengthening the feeling of weightlessness of the two horizontal cantilever planes, now they are not only projected towards the open space but also the water.

The proposal is unique because the house faces south, thus becoming integrated into an unparalleled and stunning new view of the large beach resorts in Asia with the long stretch of beach and the ocean horizon.

The house reacts by forming a panoramic viewpoint of the landscape.

Edificio en la bahía de Lima

Lima bayfront building
2010

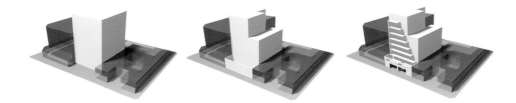

El proyecto consiste en un edificio residencial ubicado frente al mar, en el Malecón de Chorrillos, en la bahía de Lima.

El encargo adquiere singularidad al encontrarse el terreno al lado de una casona declarada monumento histórico.

La solución busca encontrar el término medio entre la altura natural de un edificio de estas características y la altura baja y tradicional del edificio histórico.

Para ello la solución propone una degradación en la volumetría del edificio: por un lado, un escalonamiento a nivel de volumen de fondo, con lo cual se obtienen seis pisos en su frente hacia la casona y nueve al lado del edificio multifamiliar contiguo y, por otro, un escalonamiento de terrazas –de mayor a menor longitud y de abajo hacia arriba– que refuerzan el deseo de amortiguar la transición entre las dos edificaciones.

Adicionalmente, el edificio recibe una intervención en la piel de su frente oeste, sustituyendo la imagen de edificio entre medianeras por la de edificio articulado en esquina.

Así, esta propuesta procura convertir el edificio, no solo en una expresión arquitectónica en sí misma, sino sobre todo en un agente de integración urbana y de enlace entre el pasado, el presente y el futuro del lugar.

The project consists of a residential building located on the oceanfront in Malecon de Chorrillos in the bay of Lima.

The commission is unique as the land is next to a large house declared an old historical monument.

The solution seeks to find the middle ground between the natural height of a building of this nature and the low, traditional height of the historic building.

The solution is the gradation in the volume of the building. The stepping of the entire depth of the building achieves six stories in the front towards the large house and nine to the side of the adjoining apartment block building, and the staggered terraces—from longest to shortest and from bottom to top—reinforce the desire to lessen the severity of the transition between the two buildings.

Additionally, an intervention in the skin of the western front of the building is carried out, replacing the image of the building between party walls for the image of the building organized in a corner.

Thus, this proposal seeks to convert the building, not only in an architectural expression in itself, but above all in an agent of urban integration and link between past, present and future of the site.

Casa en La Encantada

House in La Encantada
2010

La Encantada es un suburbio de la ciudad de Lima ubicado al lado del mar. El proyecto consiste en una casa unifamiliar de usos permanentes ubicada en un terreno cercado, a doscientos metros de la orilla marina.
En razón a su carácter suburbano, el diseño de la casa nace del objetivo de encontrar la mayor relación entre el objeto construido y el jardín interior de la propiedad.
Para ello se ideó un volumen compacto de dos pisos contenedor de todo el programa (área social, área privada, servicios, etc.), el cual es intersecado por un plano con varios pliegues.
Estos pliegues arquitectónicos tienen como fin conectar el jardín frontal de la casa con el interior de la misma en un recorrido espacial de ida y vuelta, tanto en el plano horizontal como en el vertical.
De esta manera, la simpleza del volumen principal se ve alterado –pero a la vez, enriquecido– por una espacialidad que lo libera y conecta con el área verde circundante.

La Encantada is a suburb of Lima located next to the sea. The project consists of a permanent single family home built in a fenced compound, 656 feet from the seashore.
Owing to its suburban character, the design of the house arises from the objective of finding the best relationship between the constructed volume and the interior garden of the property.
Therefore, a two-storey compact volume was devised containing a full program (social area, private area, washrooms, etc.), which is intersected by a plane with several folds.
These architectural angles seek to connect the front garden of the house within the interior of the house in a two-way spatial path, both on the horizontal and vertical plane.
Thus, the simplicity of the main volume is altered, but also enriched, by a spatiality that liberates and connects it with the surrounding green area.

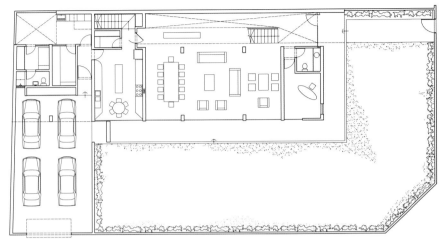

Planta primer piso
First floor plan

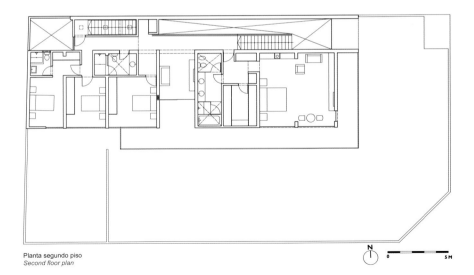

Planta segundo piso
Second floor plan

N

0   5 M

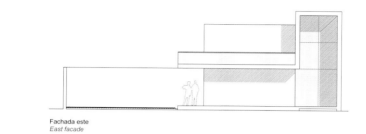

Fachada este
East facade

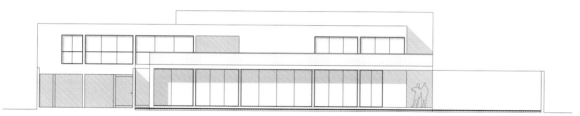

Fachada sur
South facade

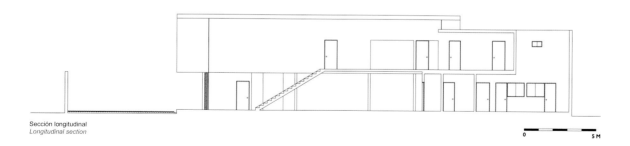

Sección longitudinal
Longitudinal section

0   5 M

Club House en Cerro Colorado

Club House in Cerro Colorado

Javier Artadi + José Carrillo
2006

  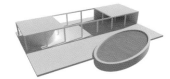

El proyecto consiste en una pequeña pieza de arquitectura, un Club House ubicado en el centro de un condominio en una playa desértica, a ciento treinta kilómetros al sur de Lima.

El condominio se ha desarrollado sobre una gran superficie plana de arena naturalmente dividida en dos por una pequeña colina rocosa de color rojizo que da nombre al lugar.

Esta condición generó un espacio geográfico único, un área virgen dentro del complejo sobre la cual se colocó el pabellón.

El pabellón constituye el lugar de reunión de los habitantes y huéspedes del lugar, y cuenta con servicios básicos de apoyo a la playa: terraza, piscina, duchas y cambiadores, una pequeña barra para expendio de bebidas y una plataforma para hacer parrilladas.

La solución busca encontrar el equilibrio entre una geometría simple y pura y el maravilloso paisaje natural del sitio: a veces, la arquitectura es la protagonista y la naturaleza, el telón de fondo; otras, la naturaleza es el elemento principal y la arquitectura el marco para apreciarla.

Este juego dialogante le revela al usuario el paisaje característico de la costa del Perú: un hermoso desierto abierto al océano Pacífico.

The project consists of a small piece of architecture, a Club House located in the center of a condominium in a deserted beach, eighty miles south of Lima.

The condominium has been developed on a large flat surface of sand naturally divided in two by a small reddish rocky hill which gives name to the site (Colorado means "red" in Spanish).

This condition created a unique geographical space, an area of wilderness within the complex on which the pavilion was situated.

The pavilion is the meeting place of the inhabitants and guests and has basic beach services: terrace, swimming pool and changing rooms, a small bar for drinks and a barbecue area.

The solution seeks to strike balance between pure and simple geometry and the wonderful natural landscape of the site: at times, architecture is the centerpiece and nature, the background, at other times, nature is the main element and architecture the framework to appreciate it.

This dialogue reveals the characteristic landscape of the coast of Peru to the user—a beautiful desert opening into the Pacific Ocean.

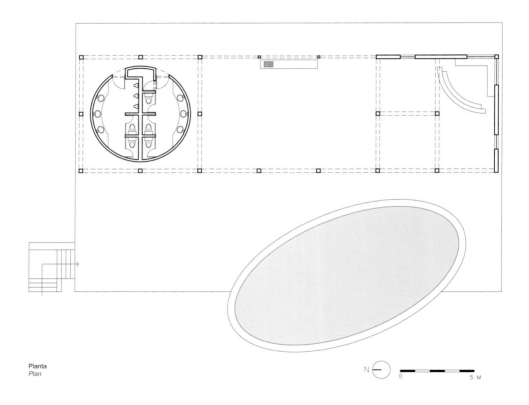

Planta
Plan

N

0   5 M

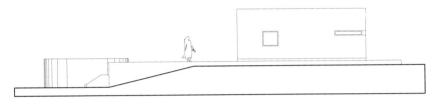

Fachada sur
South facade

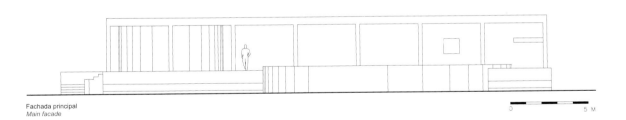

Fachada principal
Main facade

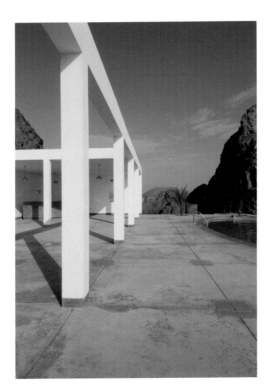

Club House en Cerro Colorado / *Club House in Cerro Colorado* 141

142   Club House en Cerro Colorado / *Club House in Cerro Colorado*

144   Club House en Cerro Colorado / *Club House in Cerro Colorado*

Extensión de una casa en Punta Hermosa

Extending a home in Punta Hermosa
2011

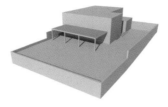 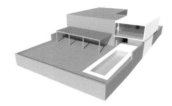

Conocida en todo el mundo por ser la playa donde se formó la campeona mundial de tabla hawaiana, la peruana Sofía Mulanovich, Punta Hermosa es uno de los balnearios más tradicionales al sur de la ciudad de Lima.

Su crecimiento, espontáneo y no planificado, le imprimió con el tiempo una singular imagen urbana caracterizada por su diversidad de tipos y estilos arquitectónicos.

En este contexto, se solicitó construir la extensión de una antigua casa construida frente al mar en la playa norte del balneario.

La ampliación incluye un dormitorio principal con *walk-in closet* y baño propios, en el segundo piso, y una área de juegos al aire libre, una terraza techada y piscina, en el primero, ambientes todos con una impresionante vista al horizonte marino.

La solución, un volumen que parece estar suspendido dentro de la composición, mantiene las alturas y retiros de la casa original de manera de establecer una conexión sutil entre arquitecturas de diferentes épocas.

Adicionalmente, la pieza arquitectónica se constituye como una rótula urbana que refuerza y valora la esquina de la manzana donde se encuentra.

Known worldwide as the beach as the training ground of Sofia Mulanovich, the world surfing champion from Peru, Punta Hermosa is one of the most traditional beach resorts south of Lima.

Its spontaneous and unplanned growth over time created a unique urban image characterised by a diversity of architectural types and styles.

It was against this backdrop that the extension of an old house built on the beach to the north of the beach resort was requested.

The expansion includes a master bedroom with walk-in wardrobe and en-suite bathroom, on the second floor, an outdoor games area, a covered terrace and pool and, on the first floor, rooms all with a stunning view of the sea horizon.

The solution, a volume that seems to be suspended within the composition, maintains the features of heights and the ambience of a retreat of the original house so as to establish a subtle connection between the architectures from different periods.

Additionally, the architectural piece is like an urban nexus that reinforces and emphasises the corner of the block where it is located.

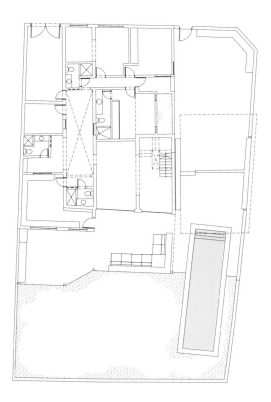

Planta segundo piso
Second floor plan

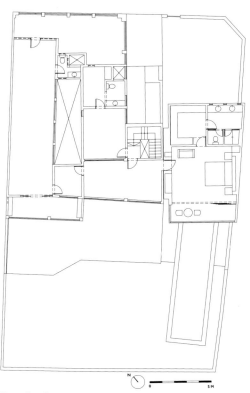

Planta primer piso
First floor plan

Fachada oeste
West acade

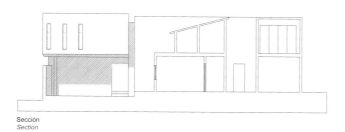

Sección
Section

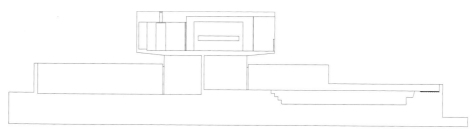

Sección
Section

Casa de playa en Las Palmeras

Beach house in Las Palmeras
2011

Esta casa, ubicada en la playa Las Palmeras, a ciento veinte kilómetros al sur de la ciudad de Lima, se construyó en un terreno delante de un cerro de tierra y arena paralelo a la línea costera.

El proyecto organiza el programa en tres niveles: el primero reúne todos los ambientes de servicio, cocheras y dormitorios de huéspedes; el segundo alberga las habitaciones principales, y el tercero está destinado a las áreas sociales (cocina, sala, comedor, terraza y piscina).

La propuesta conceptual busca reducir al máximo las formas arquitectónicas de manera que concentre toda la fuerza visual en el volumen superior, una bandeja que parece querer flotar sobre el resto de la casa.

En esta operación, el primer piso ha sido recubierto con piedra dejando el segundo nivel en una materialidad de cristal y aluminio a modo de conector entre la base y la bandeja suspendida de la parte alta.

Dada su estratégica ubicación, la casa ofrece una hermosa vista al paisaje marino del océano Pacífico.

This house, located in Las Palmeras beach, seventy five miles south of Lima, is built on land in front of an earth and sand hill and parallel to the coastline.

The project organizes the program into three levels: the first contains all the service areas, garages and guest bedrooms; the second contains the main bedrooms, and the third boasts the social areas (kitchen, living room, dining room, terrace and pool).

The proposal seeks to minimize the architectural forms that group together the entire visual focus in the top volume, a tray that seems to float above the rest of the house.

In this operation, the first floor has been covered with stone, leaving the second level mostly glass and aluminum as a connection between the base and tray suspended on the top floor.

Given its strategic location, the house offers a beautiful view of the seascape of the Pacific Ocean.

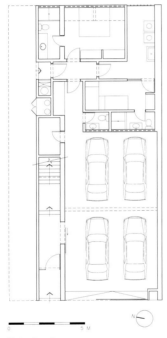

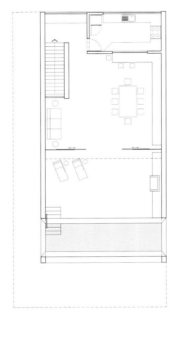

Planta primer piso
First floor plan

Planta segundo piso
Second floor plan

Planta tercer piso
Third floor plan

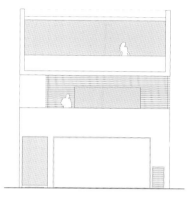

Elevación principal
Main facade

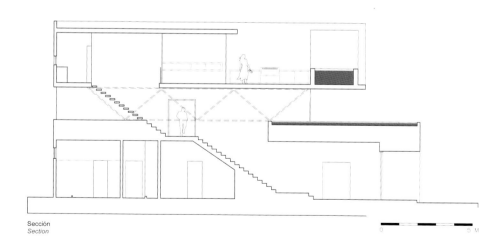

Sección
Section

0　　　　　5 M

168　Casa de playa en Las Palmeras / *Beach house in Las Palmeras*

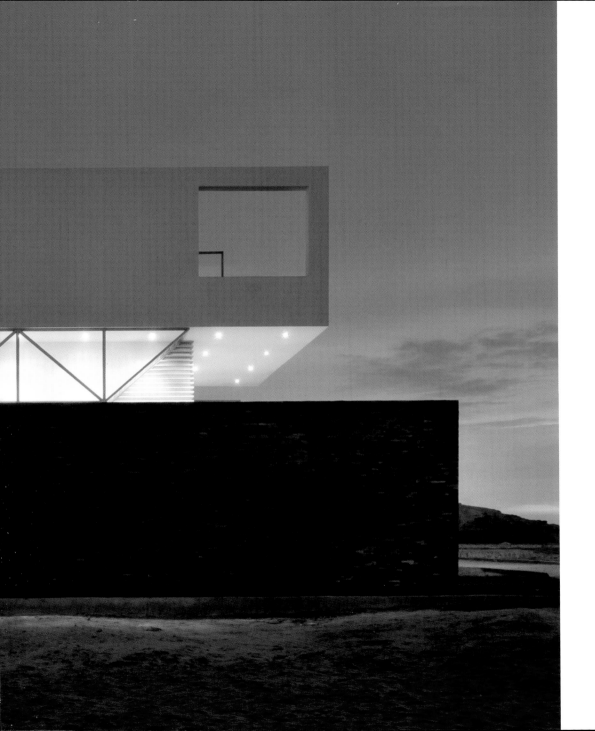

Concurso
Memorial para los Soldados
Caidos de Irak
Kennedale, Texas
2010
Memorial for the Fallen
Heroes in Irak

Edificio residencial
Torre Alta
San Isidro, Lima
2010
Torre Alta residential
building

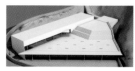

Concurso
Museo
Lugar de la Memoria
Miraflores, Lima
2010
Place of Memory
Competition, finalist project
Proyecto finalista

Créditos

Casa en una isla

Asistentes de proyecto:	Mario Galarreta
Estructuras:	Ing. Alberto Merino
Instalaciones eléctricas:	Ing. Víctor Cortijo Palomino
Instalaciones sanitarias:	Ing. Luis Castillo Anselmi
Fotografía:	Archivo Artadi

Casa de playa en Las Arenas

Asistentes de proyecto:	Oscar Luyo, Ivan Navas
Estructuras:	Ing. Jorge Indacochea
Instalaciones eléctricas:	Ing. Roberto Mayorga
Instalaciones sanitarias:	Ing. Angel Dall'Orto
Fotografía:	Alexander Kornhuber

Casa en Las Casuarinas

Asistentes de proyecto:	Ivan Navas, Daniel Silva
Estructuras:	MEINI Ingenieros S.A.C.
Instalaciones eléctricas:	Ing. Jorge Alva Machado
Instalaciones sanitarias:	Ing. Lorenzo Castro Gonzáles
Fotografía:	Alexander Kornhuber

Casa en El Chipe, Piura

Asistentes de proyecto:	Ivan Navas, Daniel Silva
Estructuras:	MEINI Ingenieros S.A.C.
Instalaciones eléctricas:	Ing. Jorge Alva Machado
Instalaciones sanitarias:	Ing. Lorenzo Castro Gonzáles
Fotografía:	Alexander Kornhuber

Casa de playa en una colina

Asistentes de proyecto:	Ivan Navas
Estructuras:	Ing. Jorge Indacochea
Instalaciones eléctricas:	Ing. Roberto Arias
Instalaciones sanitarias:	Ing. Angel Dall'Orto
Fotografía:	Alfio Garozzo / Elsa Ramirez

Credits

House in an island

Project assistants:	*Mario Galarreta*
Structures:	*Ing. Alberto Merino*
Electrical installations:	*Ing. Víctor Cortijo Palomino*
Sanitary facilities:	*Ing. Luis Castillo Anselmi*
Photographs:	*Archivo Artadi*

Beach house in Las Arenas

Project assistants:	*Oscar Luyo, Ivan Navas*
Structures:	*Ing. Jorge Indacochea*
Electrical installations:	*Ing. Roberto Mayorga*
Sanitary facilities:	*Ing. Angel Dall'Orto*
Photographs:	*Alexander Kornhuber*

House in Las Casuarinas

Project assistants:	*Ivan Navas, Daniel Silva*
Structures:	*MEINI Ingenieros S.A.C.*
Electrical installations:	*Ing. Jorge Alva Machado*
Sanitary facilities:	*Ing. Lorenzo Castro Gonzáles*
Photographs:	*Alexander Kornhuber*

House in El Chipe, Piura

Project assistants:	*Ivan Navas, Daniel Silva*
Structures:	*MEINI Ingenieros S.A.C.*
Electrical installations:	*Ing. Jorge Alva Machado*
Sanitary facilities:	*Ing. Lorenzo Castro Gonzáles*
Photographs:	*Alexander Kornhuber*

Beach house on a hill

Project assistants:	*Ivan Navas*
Structures:	*Ing. Jorge Indacochea*
Electrical installations:	*Ing. Roberto Arias*
Sanitary facilities:	*Ing. Angel Dall'Orto*
Photographs::	*Alfio Garozzo / Elsa Ramirez*

Concurso
Campus universidad UTEC
Proyecto finalista
Miraflores, Lima
2012
UTEC university campus
Competition, finalist project

Edificio Costa Blanca
Miraflores, Lima
2009
Costa Blanca residential building

Edificio en la bahía de Lima

Asistentes de proyecto:	Ivan Navas
Estructuras:	Ing. Carlos Uccelli
Instalaciones eléctricas:	Ing. Lincoln Gal´lino
Instalaciones sanitarias:	Ing. Mariano Ugarte
Fotografía:	Javier Artadi

Casa en La Encantada

Asistentes de proyecto:	Hector Loli
Estructuras:	Ing. Arnaldo Chávez
Instalaciones eléctricas:	Ing. Edmundo Chavez Castro
Instalaciones sanitarias:	Ing. Angel Dall'Orto
Fotografía:	Elsa Ramirez

Club House en Cerro Colorado

Asistentes de proyecto:	Oscar Luyo
Estructuras:	4WR ASOCIADOS
Instalaciones eléctricas:	4WR ASOCIADOS
Instalaciones sanitarias:	4WR ASOCIADOS
Fotografía:	Elsa Ramirez

Extensión de una casa en Punta hermosa

Asistentes de proyecto:	Juan Carlos Quispe, Michelle Rua
Estructuras:	Ing. Jorge Indacochea
Instalaciones eléctricas:	Ing. Roberto Arias Ortiz
Instalaciones sanitarias:	Ing. Ángel Dall'Orto
Fotografía:	Elsa Ramirez

Casa de playa en Las Palmeras

Asistentes de proyecto:	Patricia Marquez, Sandy Loayza, Miluzka Vasquez
Estructuras:	Ing. Jorge Indacochea
Instalaciones eléctricas:	Ing. Roman Zeballos
Instalaciones sanitarias:	Ing. Gorka Olivo Ferrel
Fotografía:	Elsa Ramirez / Guilherme Morelli

Lima bayfront building

Project assistants:	*Ivan Navas*
Structures:	*Ing. Carlos Uccelli*
Electrical installations:	*Ing. Lincoln Gal´lino*
Sanitary facilities:	*Ing. Mariano Ugarte*
Photographs:	*Javier Artadi*

House in La Encantada

Project assistants:	*Hector Loli*
Structures:	*Ing. Arnaldo Chávez*
Electrical installations:	*Ing. Edmundo Chavez Castro*
Sanitary facilities:	*Ing. Angel Dall'Orto*
Photographs:	*Elsa Ramirez*

Club House in Cerro Colorado

Project assistants:	*Oscar Luyo*
Structures:	*4WR ASOCIADOS*
Electrical installations:	*4WR ASOCIADOS*
Sanitary facilities:	*4WR ASOCIADOS*
Photographs:	*Elsa Ramirez*

Extending a home in Punta Hermosa

Project assistants:	*Juan Carlos Quispe, Michelle Rua*
Structures:	*Ing. Jorge Indacochea*
Electrical installations:	*Ing. Roberto Arias Ortiz*
Sanitary facilities:	*Ing. Ángel Dall'Orto*
Photographs:	*Elsa Ramirez*

Beach house in Las Palmeras

Project assistants:	*Patricia Marquez, Sandy Loayza, Miluzka Vasquez*
Structures:	*Ing. Jorge Indacochea*
Electrical installations:	*Ing. Roman Zeballos*
Sanitary facilities:	*Ing. Gorka Olivo Ferrel*
Photographs:	*Elsa Ramirez / Guilherme Morelli*

JAVIER ARTADI

Coordinación editorial / *Editorial coordinator*:
Paco Asensio

Dirección de arte / *Art director*:
Mireia Casanovas Soley

Coordinación de diseño y maquetación / *Design and layout coordination*:
Claudia Martínez Alonso

Realización de la cubierta / *Cover layout*:
Mireia Casanovas Soley

Maquetación / *Layout*:
Cristina Simó

© 2012 LOFT Publications, S. L.
Via Laietana, 32, 4°, of. 92
08003 Barcelona (España)
Tel.: +34 932 688 088
Fax: +34 932 687 073
loft@loftpublications.com
www.loftpublications.com

ISBN 978-84-9936-887-0

Impreso en España / *Printed in Spain*